JOHANNES BRAHMS

TRIO

FÜR KLAVIER, VIOLINE UND VIOLONCELLO
OPUS 87
C-DUR

HERAUSGEGEBEN VON

GEORG SCHUMANN

C. F. PETERS

FRANKFURT · LONDON · NEW YORK

TRIO III
für
Klavier, Violine und Violoncello

Johannes Brahms, Op. 87
Zweite Bearbeitung (1891)

10442c

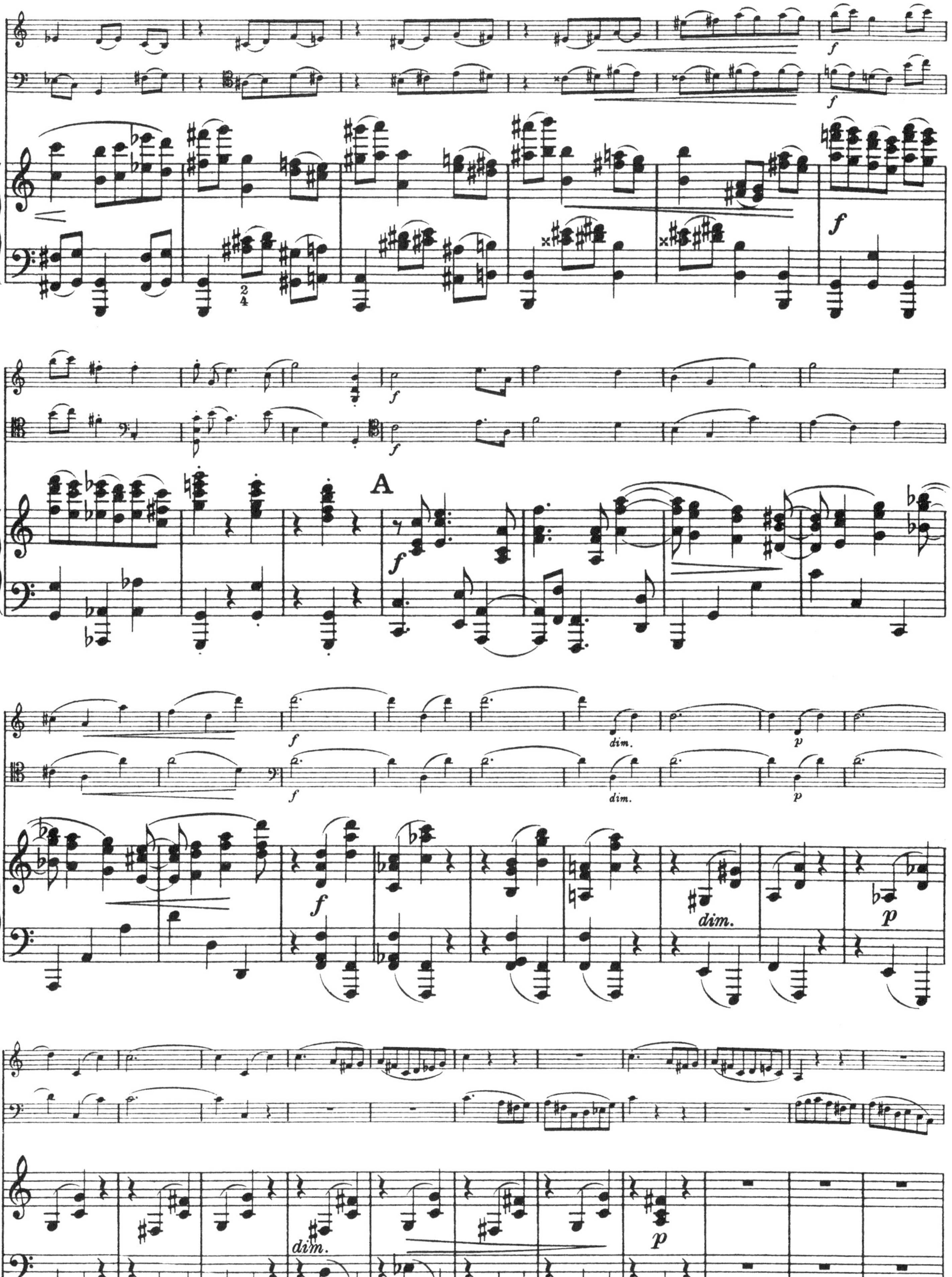
A
f
dim.
p

4

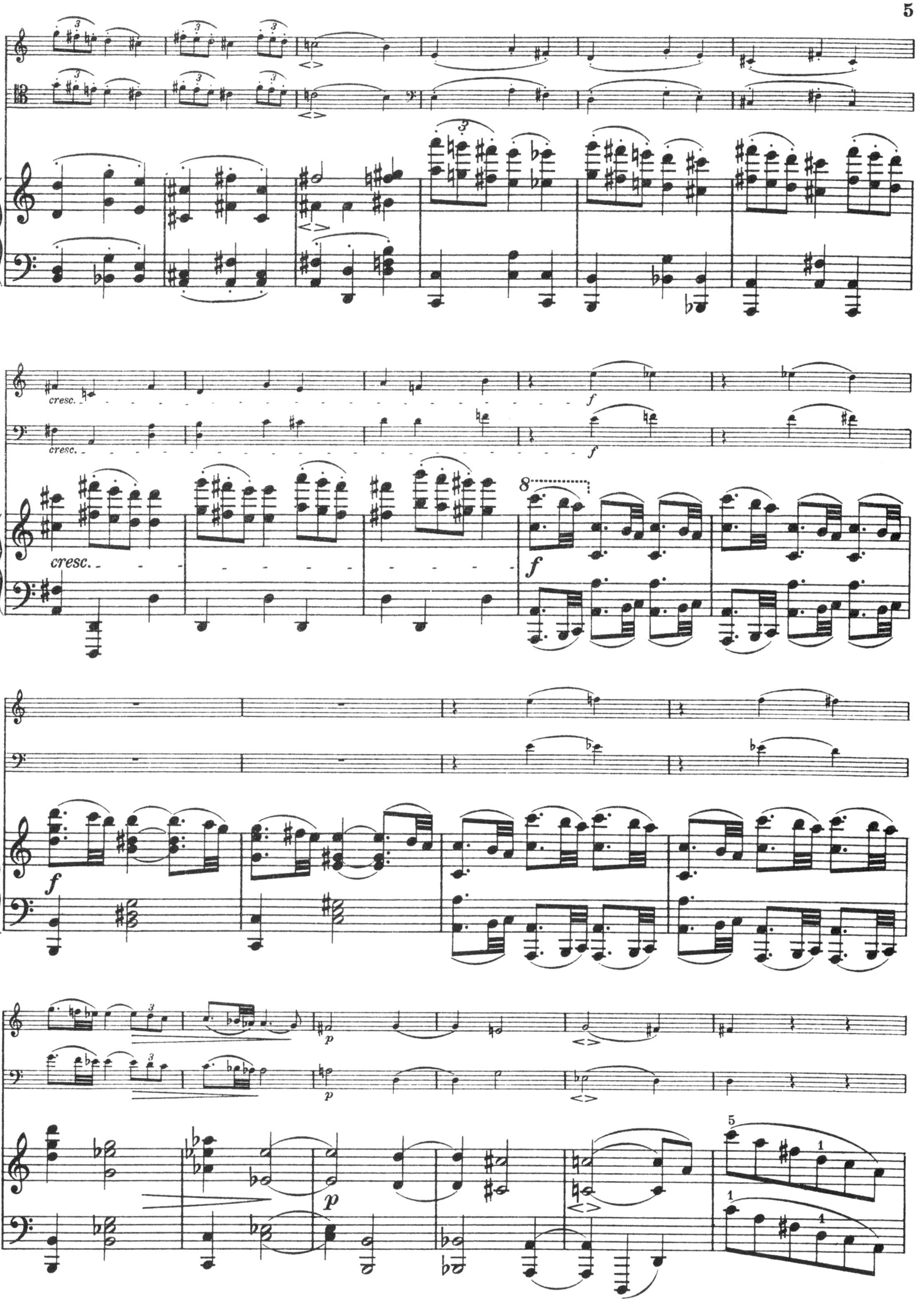
cresc.
f
p

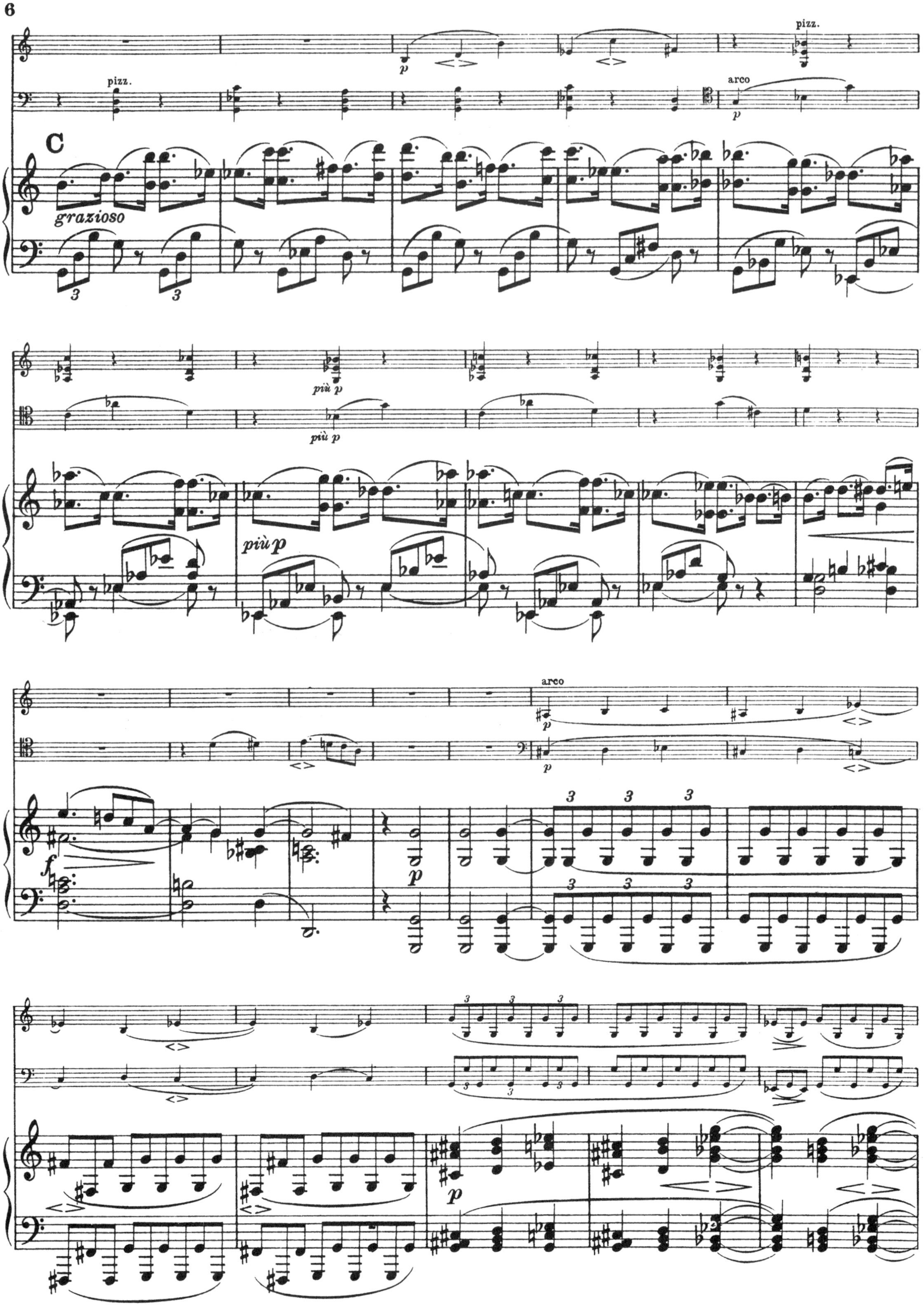
pizz.
pizz.
arco
C
grazioso
più p
più p
più p
arco

cresc.
cresc.
cresc.
f
f
f
D
f
mf
mf
mf
cresc.
cresc.
cresc.
f
f
f
f
f
mf
rinfz.
rinfz.
f

8

Edition Peters. 10442ç

dim.
poco sostenuto
poco sostenuto
poco sostenuto
in tempo
in tempo
F
in tempo
f
f
f marc.
ben marc.
f
marc.
f
f
f
f

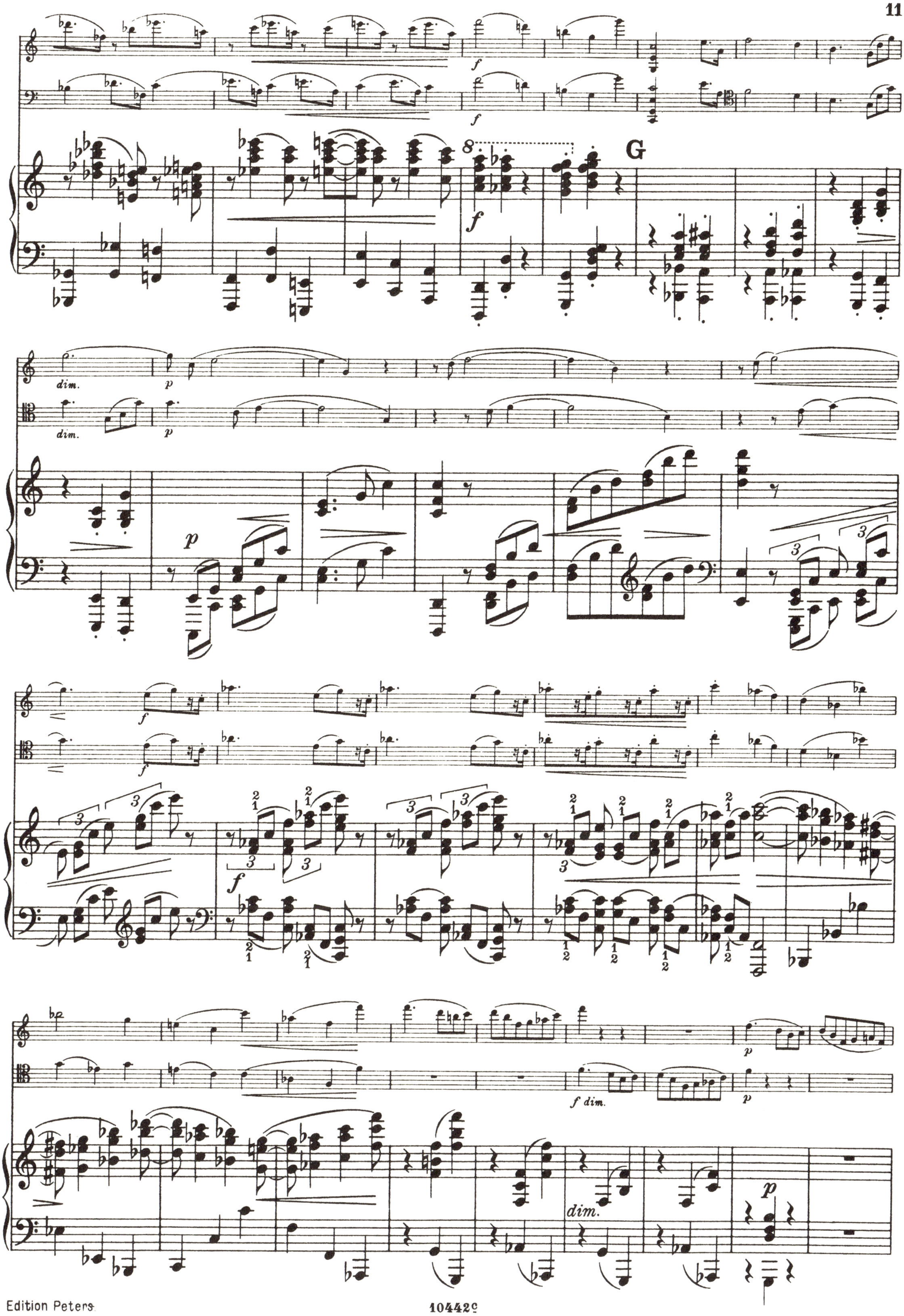

G
dim.
f dim.

p
dolce
pp
pp
dim.
dim.
dolce
dolce
pp
pp
H
dolce
sempre p e dolce
sempre p e dolce
sempre p e dolce

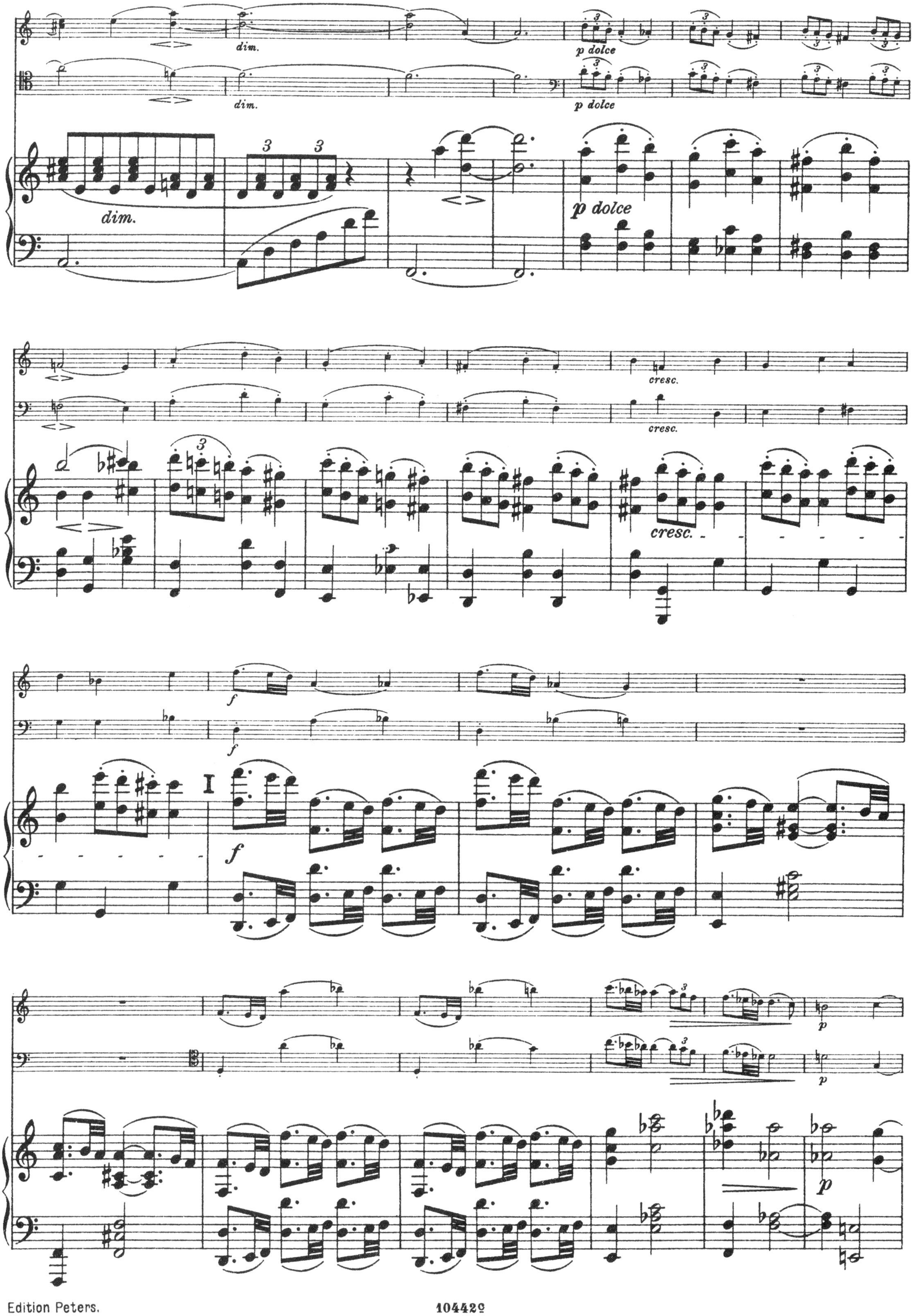
dim.
p dolce
cresc.
f
p

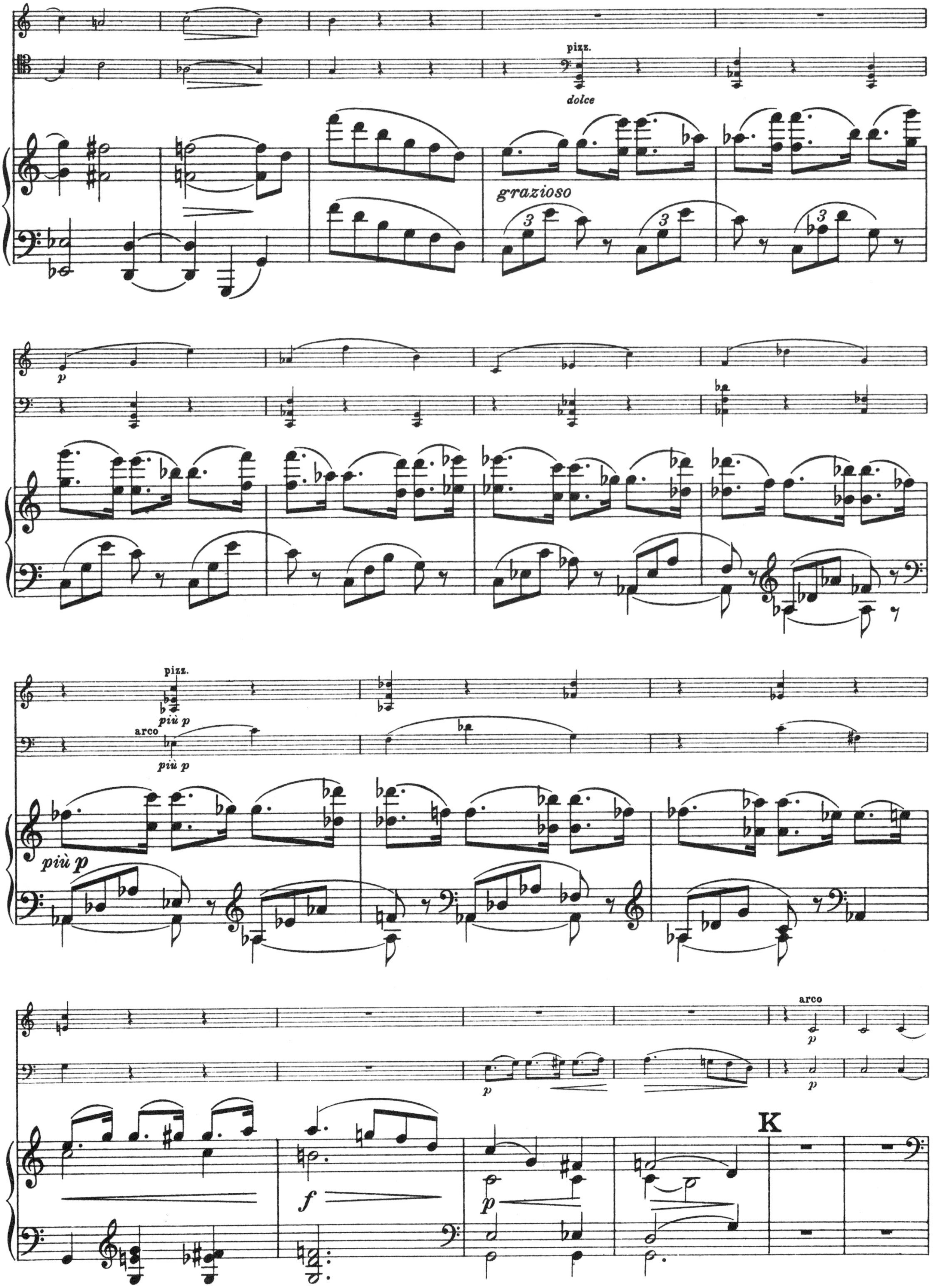
pizz.
dolce
grazioso
p
pizz.
più p
arco
più p
arco
p
p
f
p
p
K

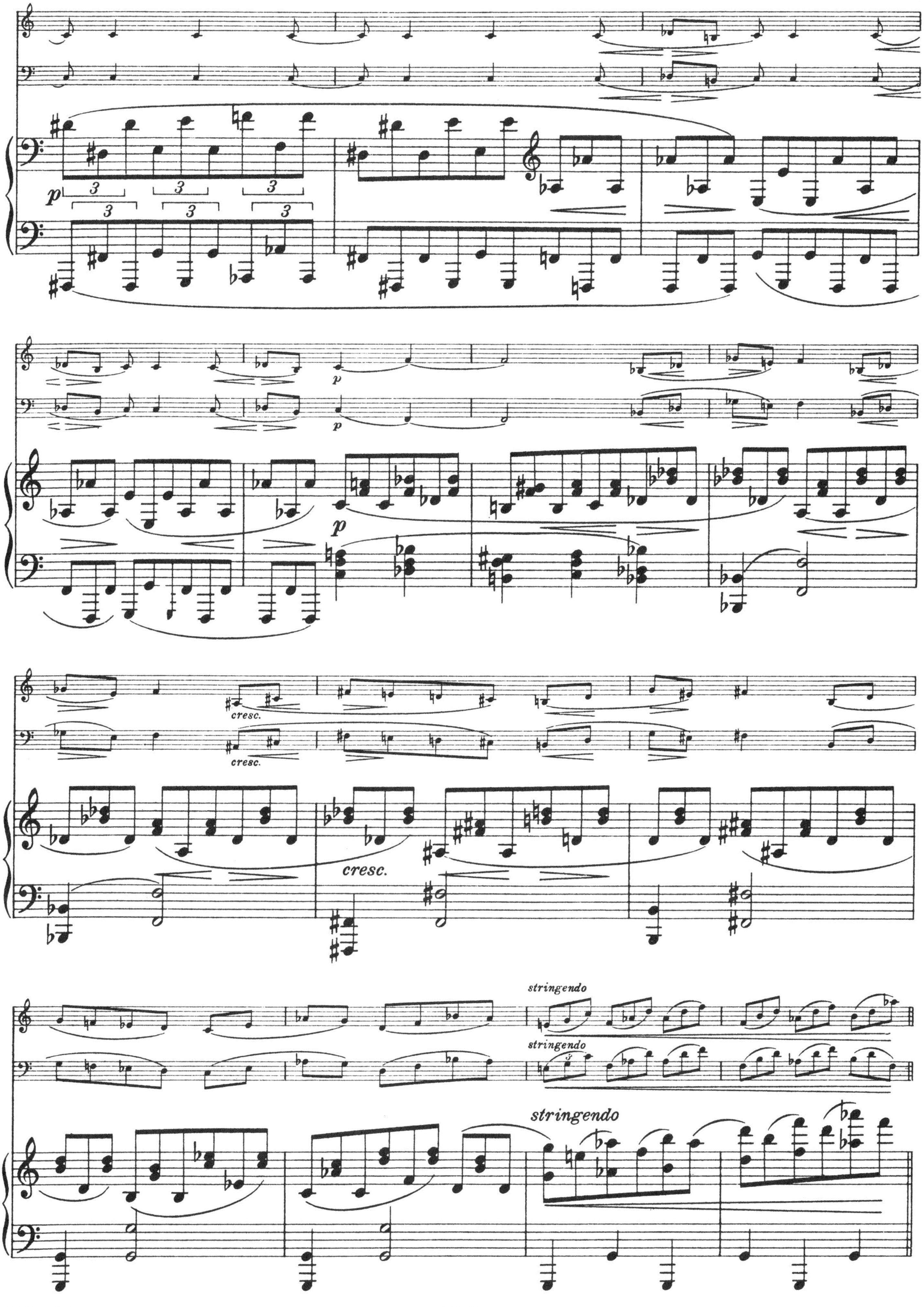
p
p
p
cresc.
cresc.
cresc.
stringendo
stringendo
stringendo

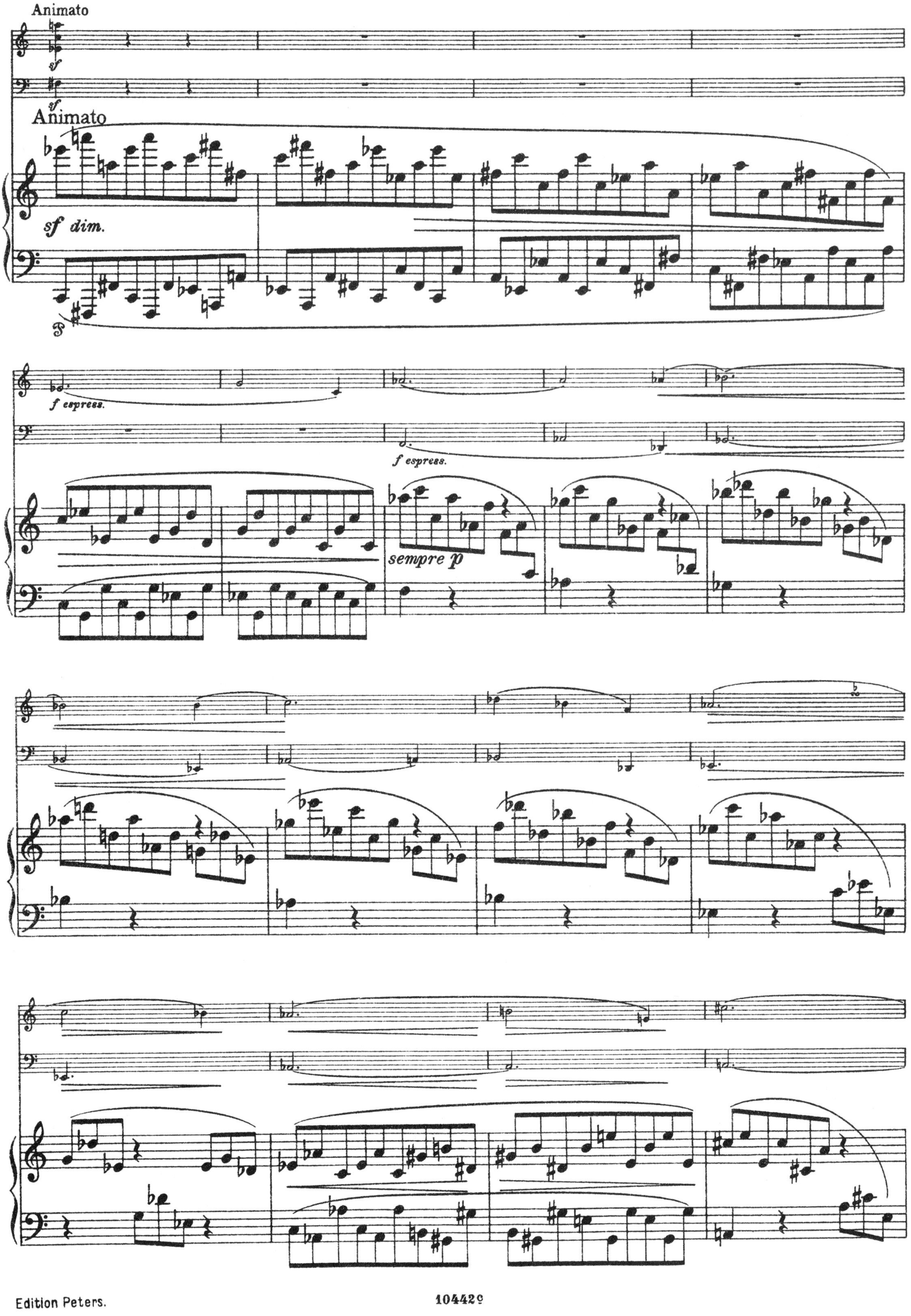
Animato
sf
sf
Animato
sf dim.
f espress.
f espress.
sempre p

cresc.
cresc.
poco cresc.
dim.
dim.
rit. poco a poco
rit. poco a poco
rit. poco a poco
dim.
in tempo
in tempo
L in tempo
f animato
f animato
f animato

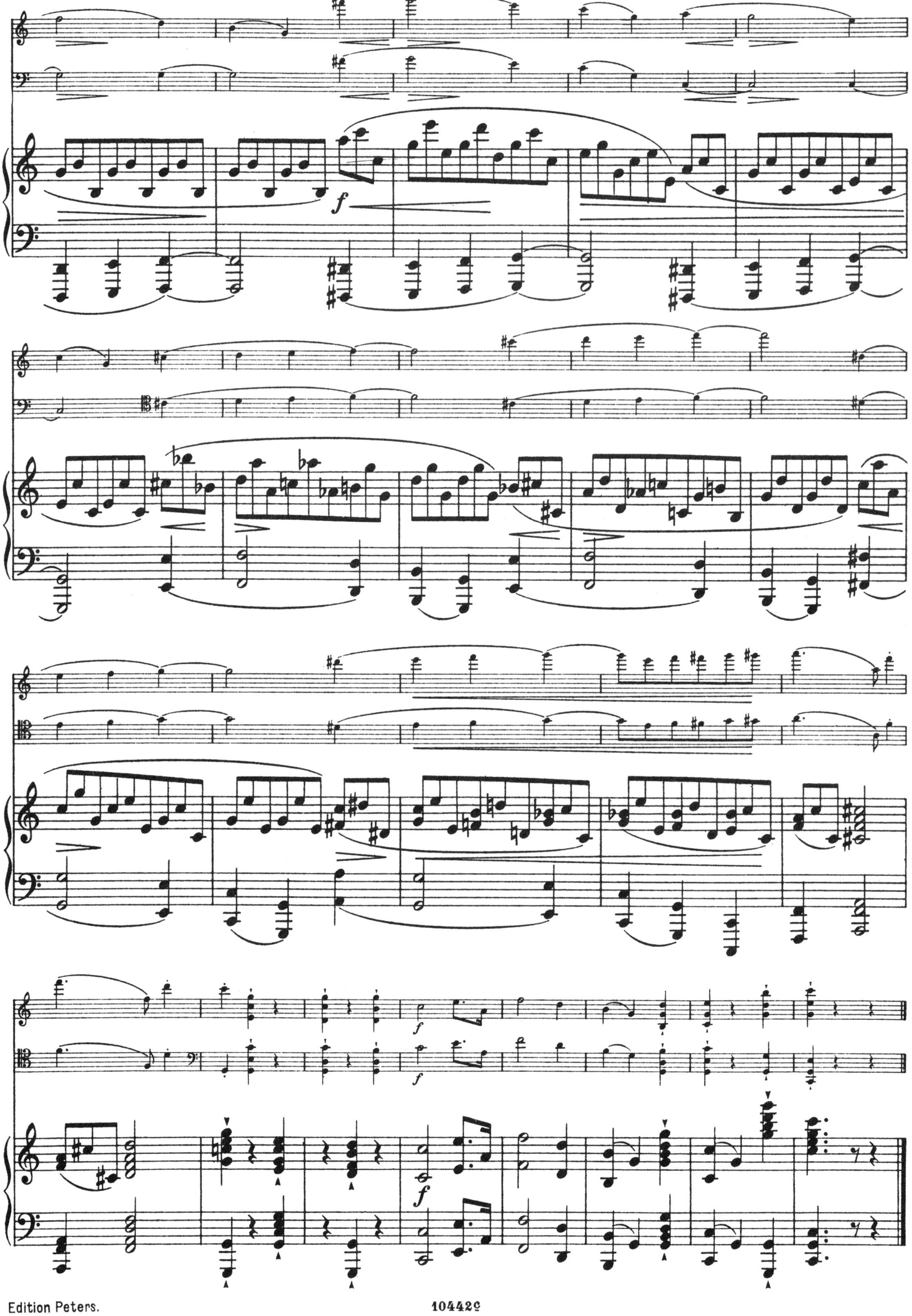
f
f
f
f

Andante con moto

10442ᶜ

10442c

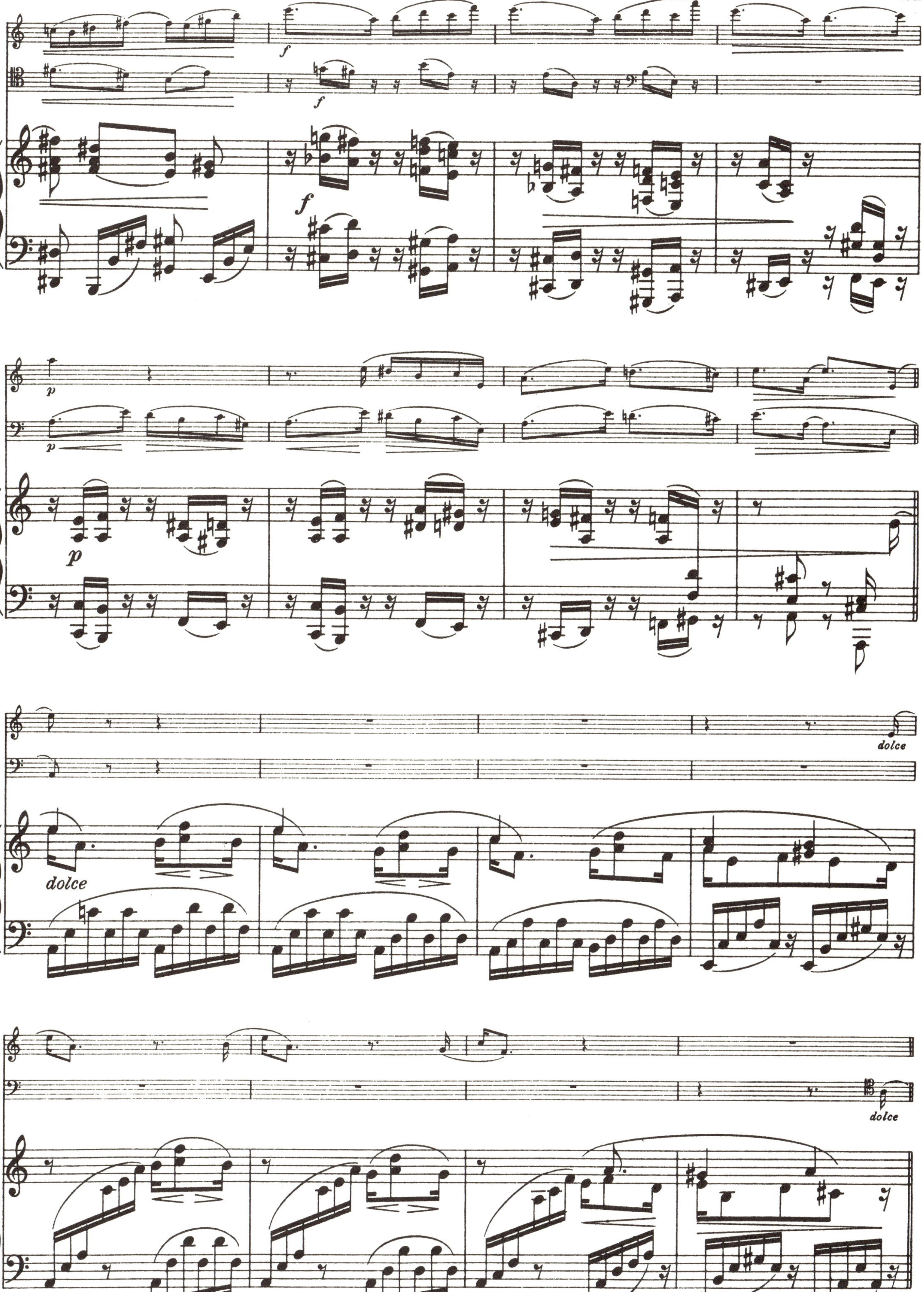
f
f
f
p
p
p
dolce
dolce
dolce

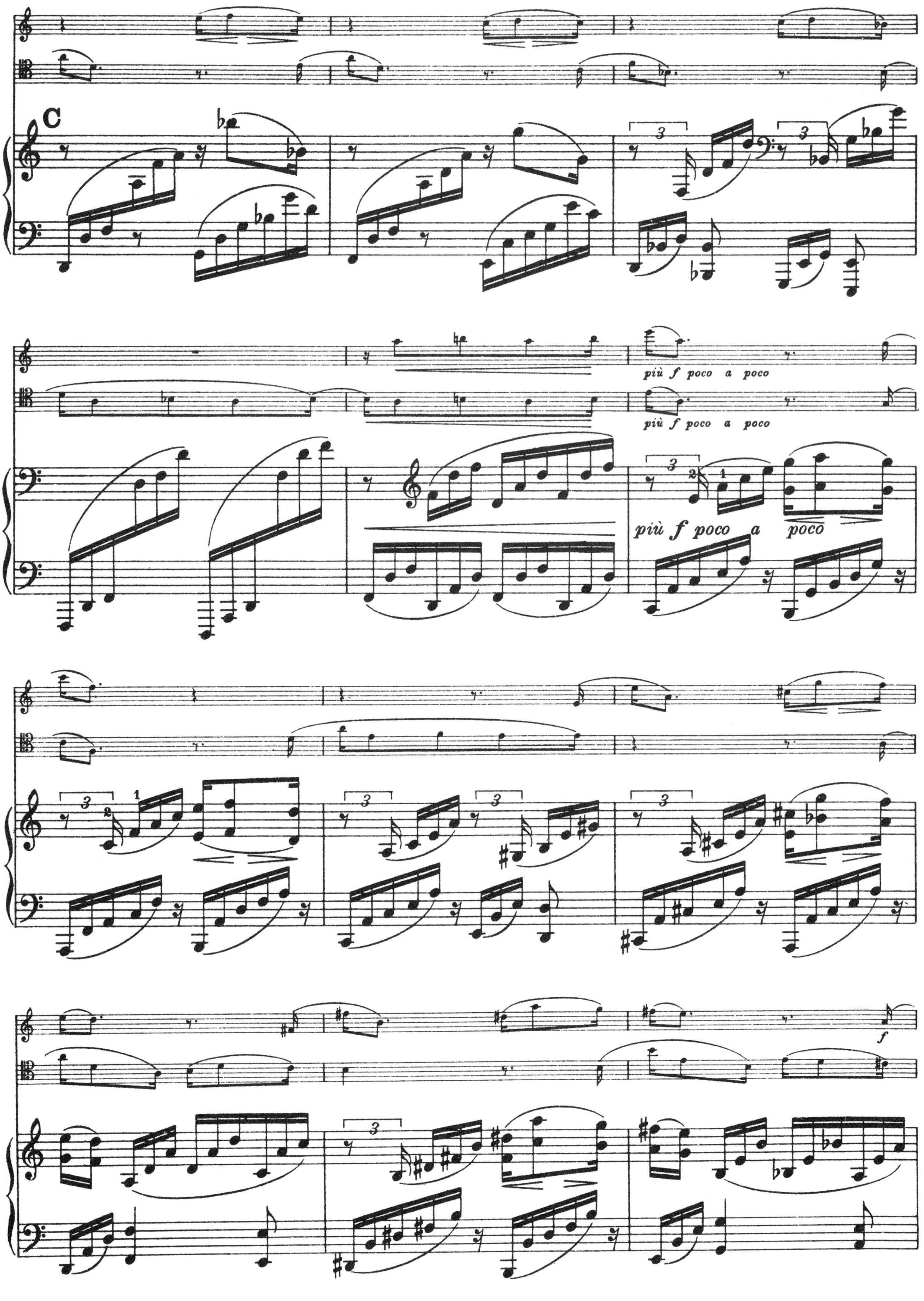
C
più f poco a poco
più f poco a poco
più f poco a poco
f

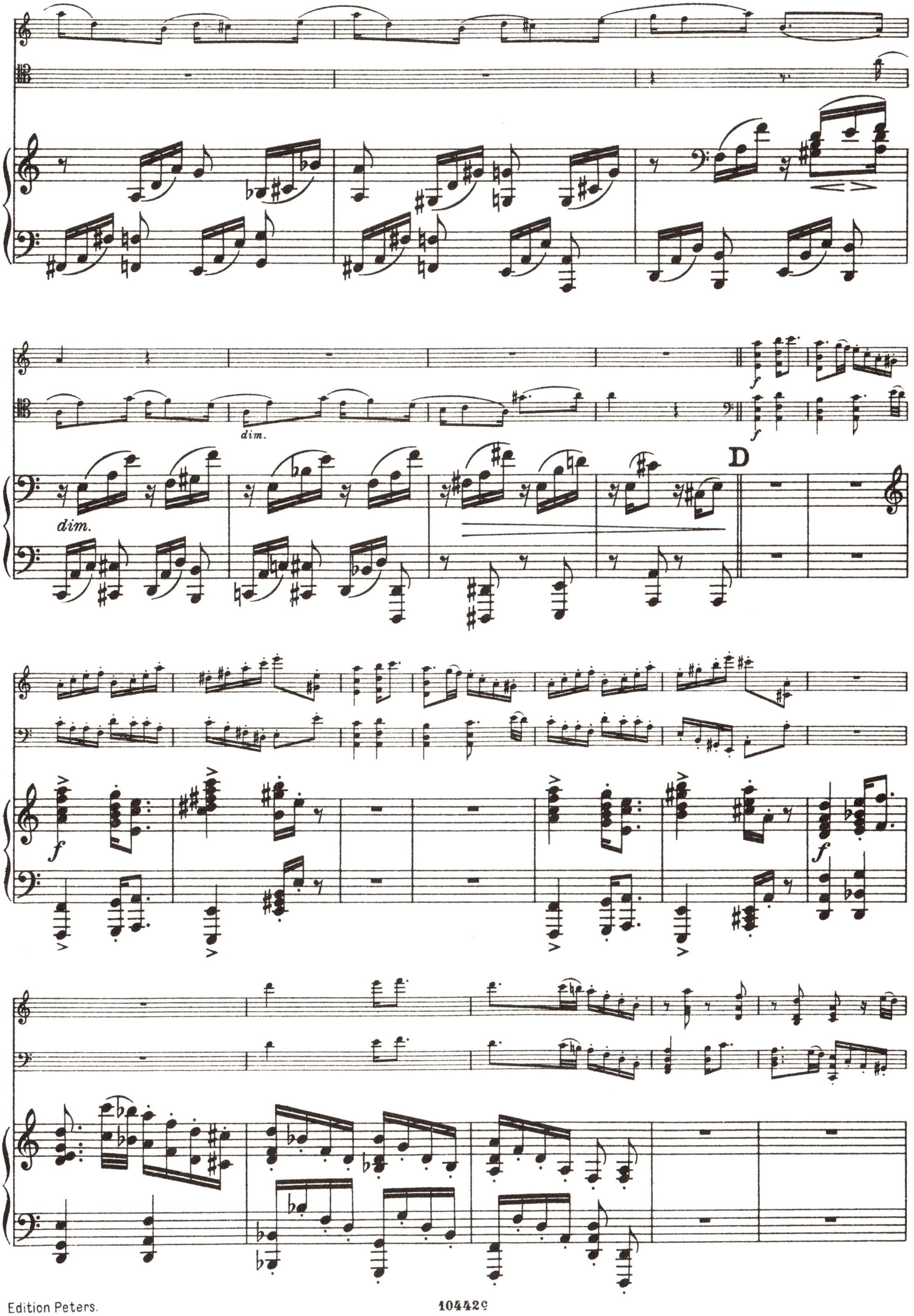
dim.
dim.
D

f sempre
f sempre
f
p dolce
E
p dolcissimo sempre
p dolce
più p
dolce
dolce
più p

pp
pp
pp
p
poco
F
pp
cresc.
espress.
dim.
espress.
dim.
pp
dim. e rit.
dim. e rit.
pp
pp
dim. e rit.
pp

in tempo (Andante con moto)
pp dolce
in tempo (Andante con moto)
pp
una corda
pp dolce
G
cresc. sempre
cresc. sempre
mf cresc. sempre
f
f

10442ͨ

Scherzo

10442c

10442c

pp sempre più
pp sempre più
leggiero
pp sempre più
dim.
dim.
dim.
pp
pp
8
pp
una corda
8

Poco meno presto
mp espress.
cresc. sempre
mp cresc. sempre
Poco meno presto
ben legato
mp
cresc. sempre
f
f
D
mp
mp
mp
cresc.
cresc.

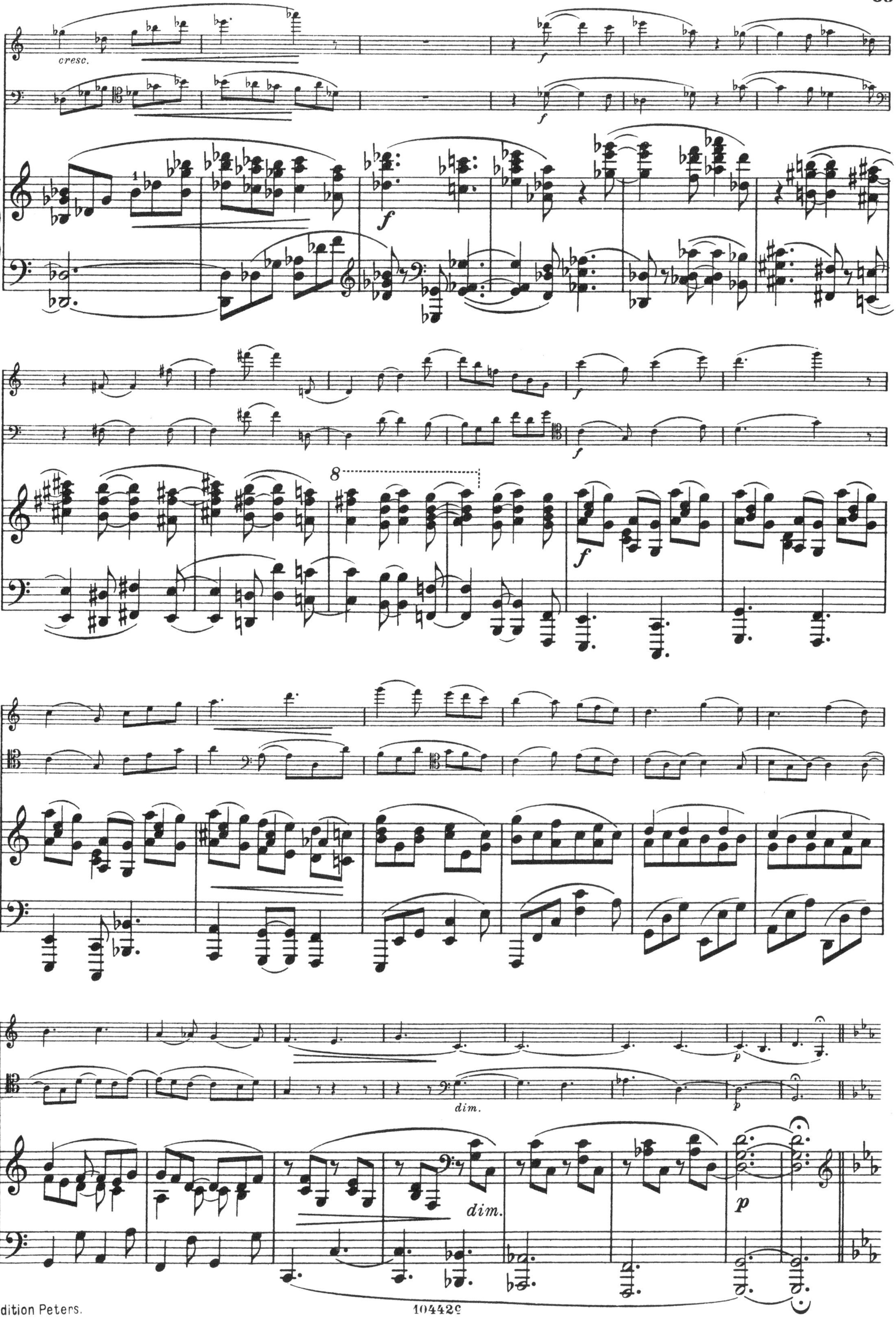
cresc.
f
f
f
8
f
f
dim.
dim.
p
p
p

34

Edition Peters.

10442c

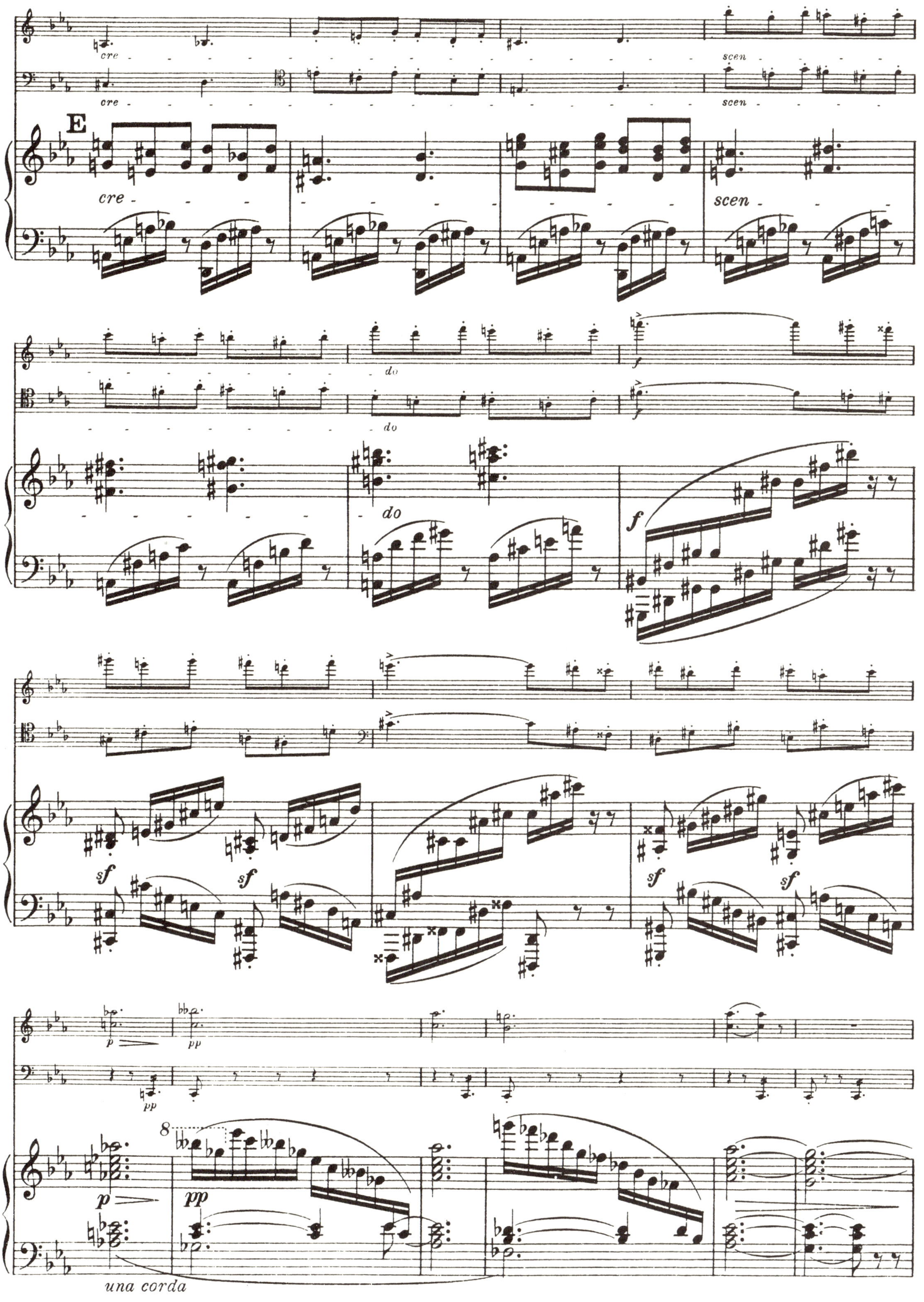
E
cre
scen
do
f
sf
p
pp
8
una corda

leggiero
pp ma marc.
leggiero
F
pp
leggiero
cresc.
cresc.
p
p
pp sempre più
pp sempre più
G
leggiero
p
pp sempre più

10442ᶜ

Finale

Allegro giocoso

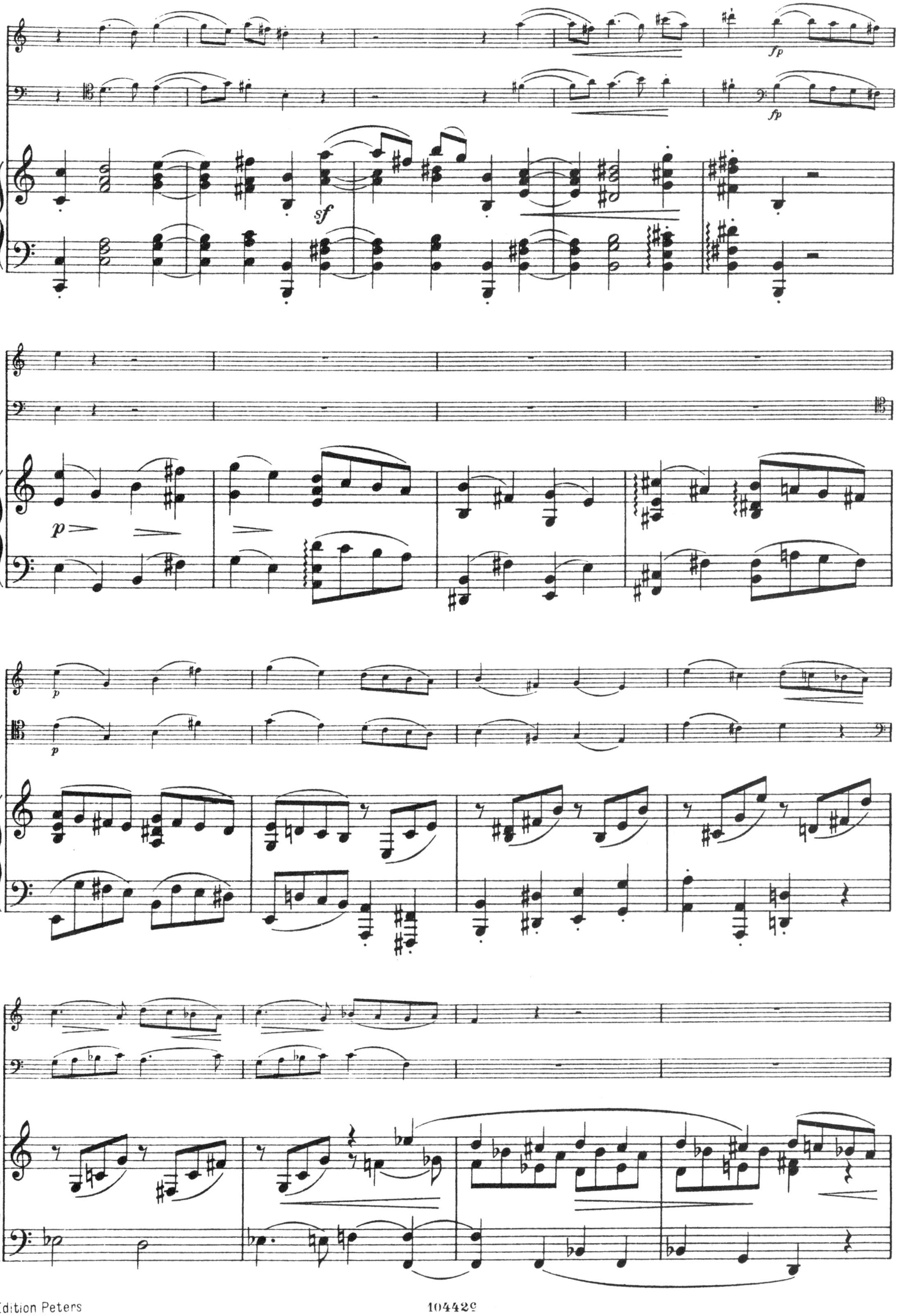
fp
fp
sf
p
p
p

10442c

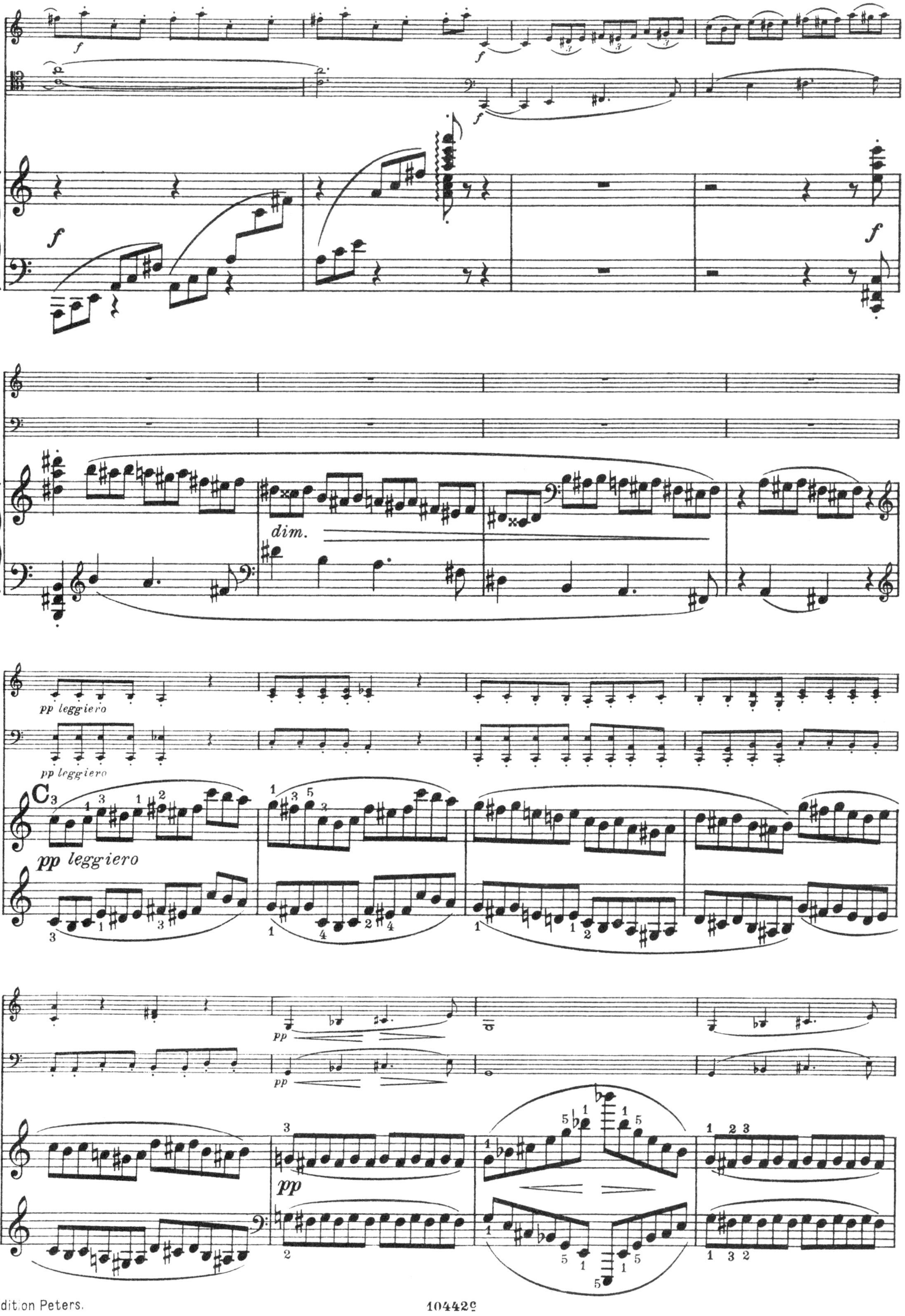
f
f
f
f
dim.
pp leggiero
pp leggiero
C
pp leggiero
pp
pp
pp

10442c

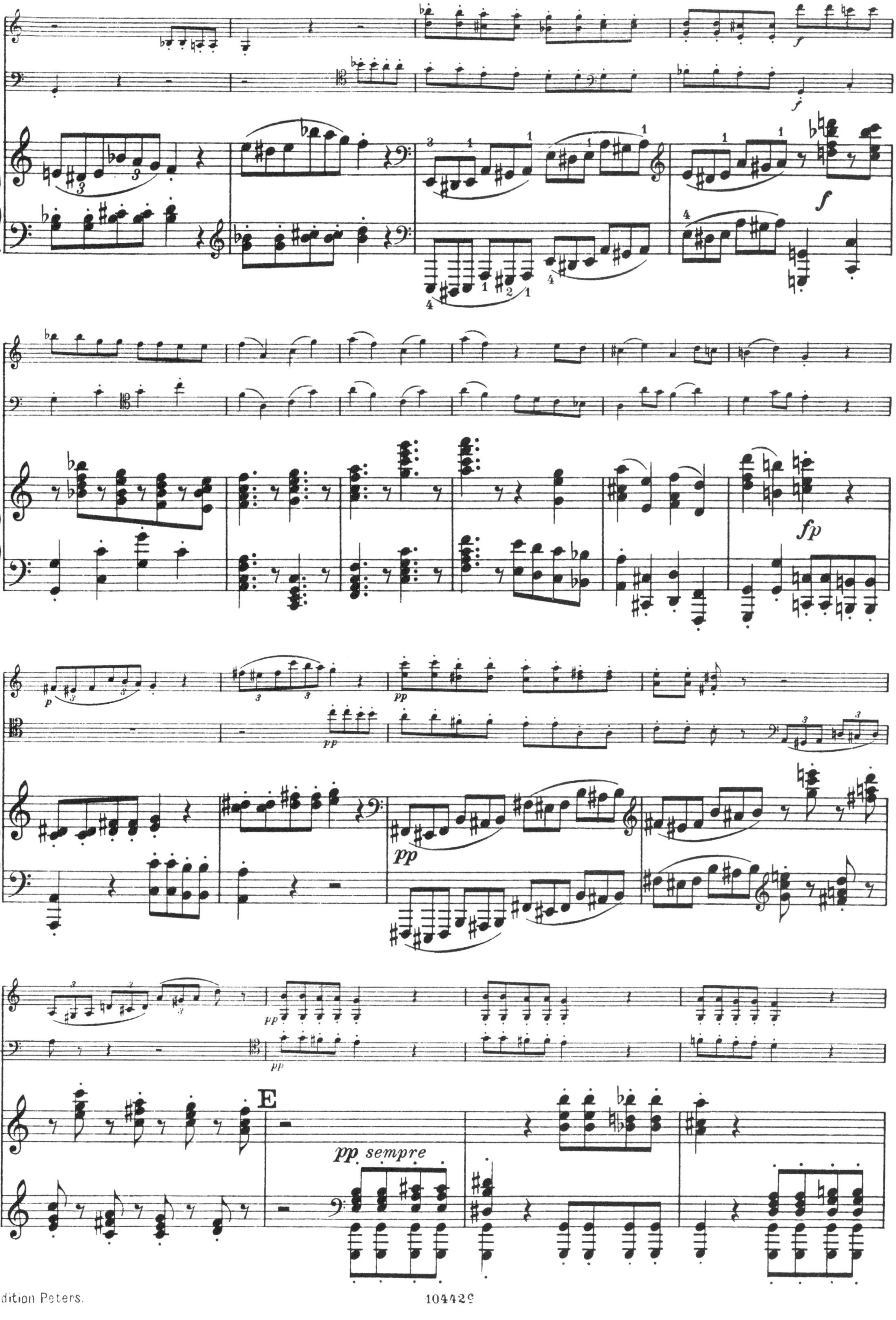
f
f
fp
p
pp
pp
pp
pp
pp
E
pp sempre

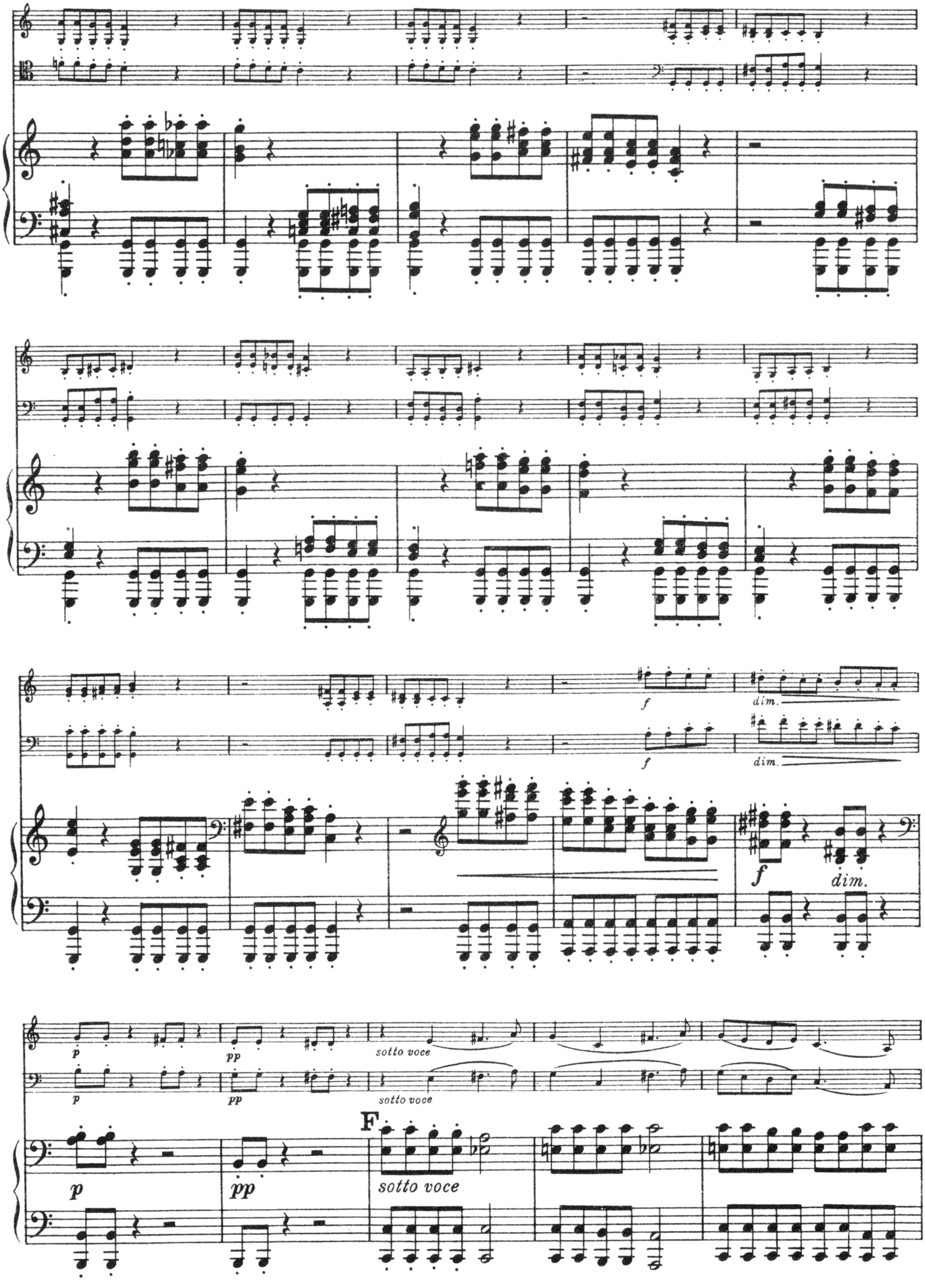
f
dim.
f
dim.
f
dim.
p
pp
sotto voce
p
pp
sotto voce
F
p
pp
sotto voce

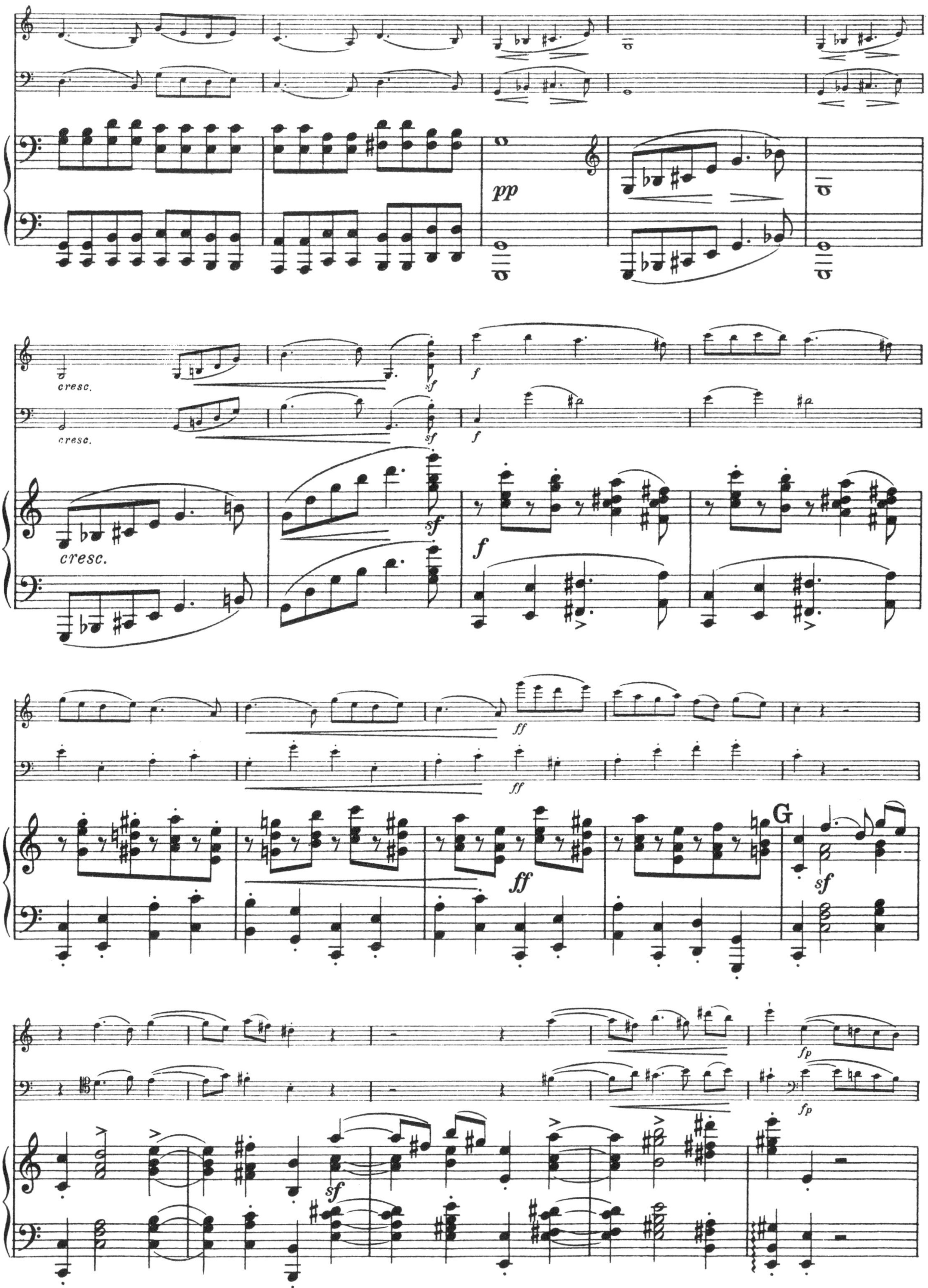
pp
cresc.
cresc.
cresc.
sf
sf
sf
f
f
f
ff
ff
ff
G
sf
sf
fp
fp

p
p
p
cresc.
mf
mf
dim. sempre
dim. sempre
p dim.
p dim.
mf legato
dim. sempre

pp
pp
pp
H
p
p leggiero
p
p leggiero
cresc.
cresc.
cresc.
f
f
f
sf
f
f
8

10442c

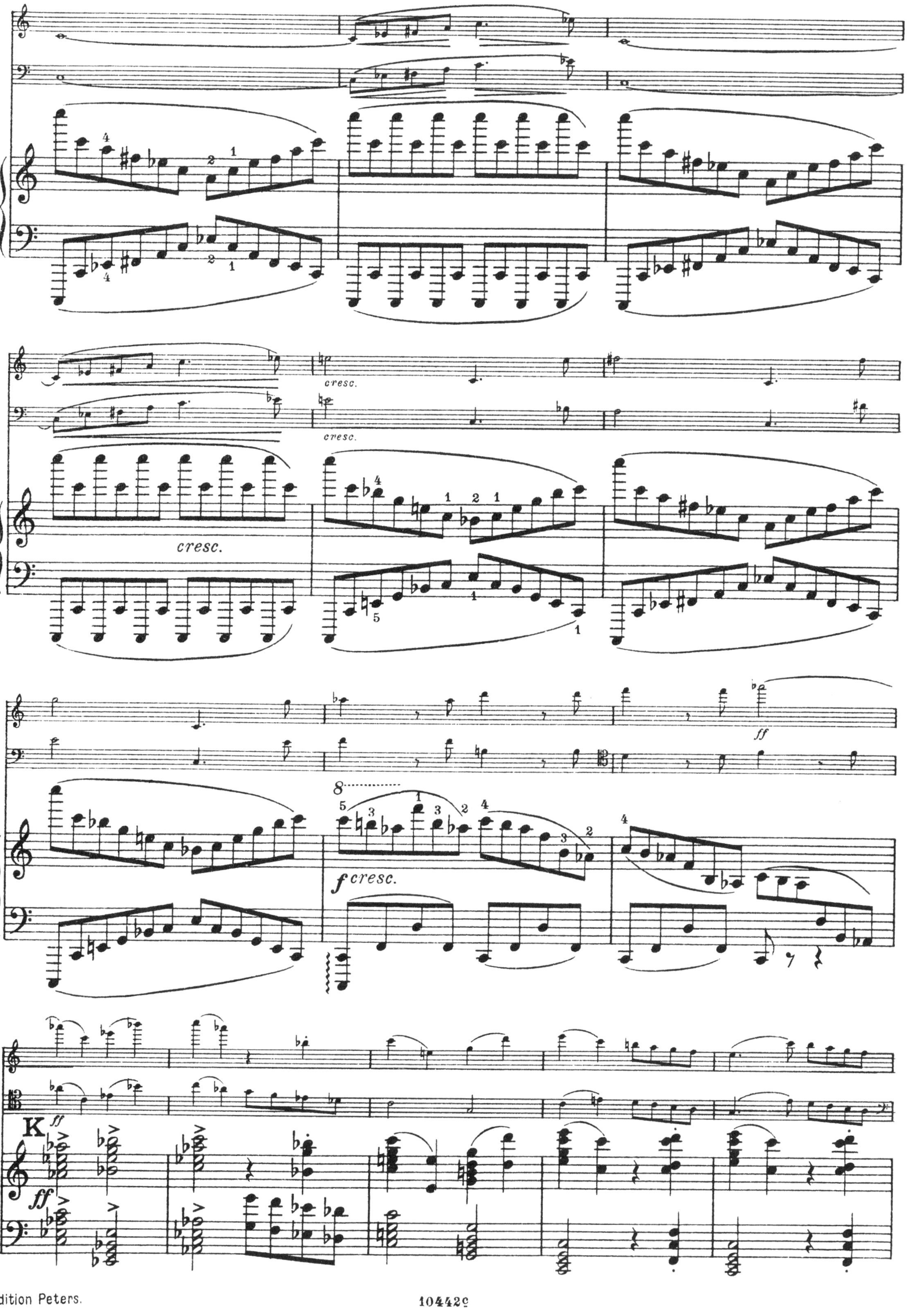
cresc.
cresc.
cresc.
8
f cresc.
ff
K
ff
ff

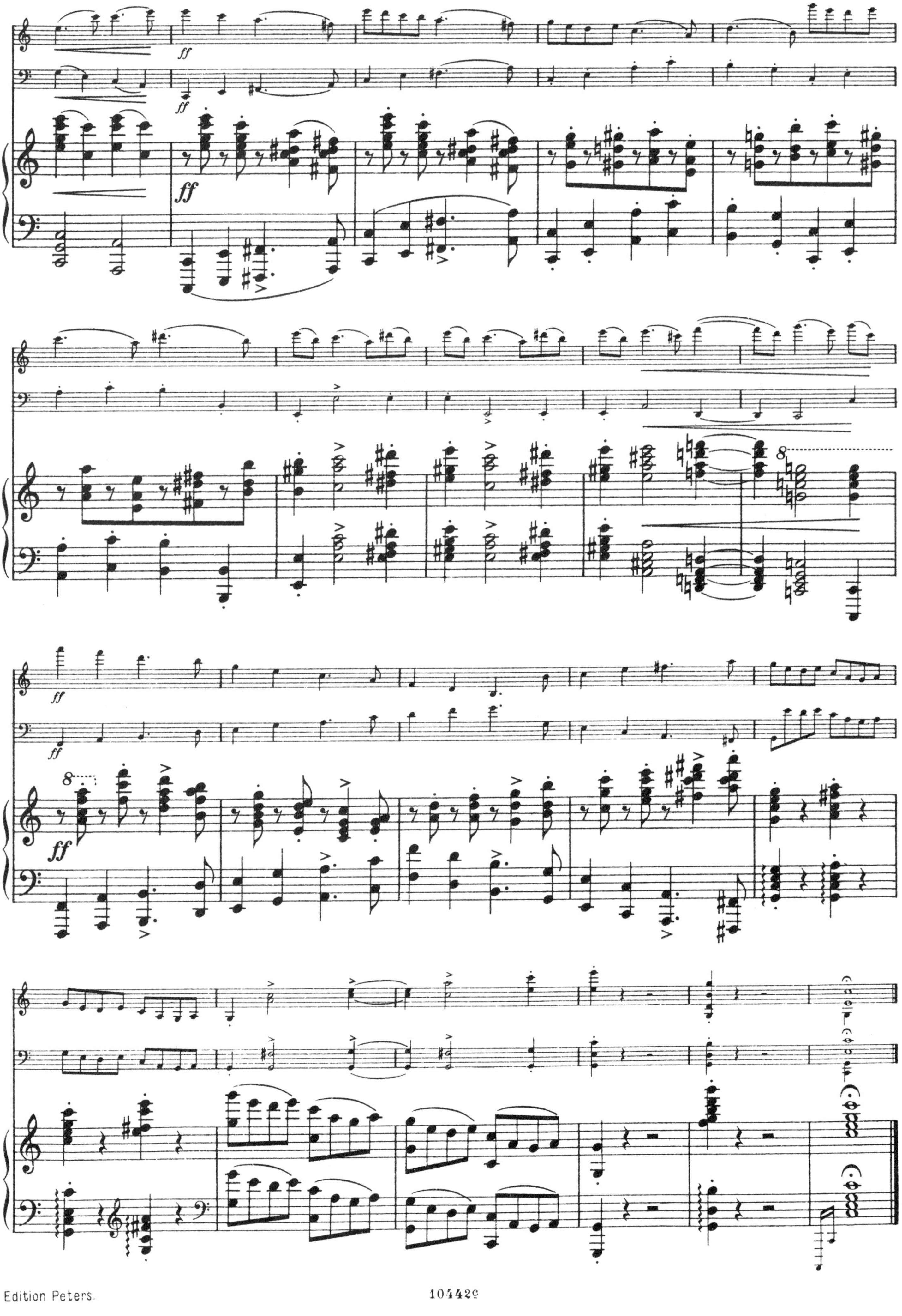
ff
ff
ff
8
8
ff
ff
ff

JOHANNES BRAHMS

TRIO

FÜR KLAVIER, VIOLINE UND VIOLONCELLO
OPUS 87

C-DUR

HERAUSGEGEBEN VON

GEORG SCHUMANN

Violine

C. F. PETERS

FRANKFURT · LONDON · NEW YORK

TRIO III
für
Klavier, Violine und Violoncello

Violine

Johannes Brahms, Op. 87
Zweite Bearbeitung (1891)

arco
p
cresc.
D
f
mf
cresc.
rinfz.
ff
animato
E
6
Voello
f espressivo
poco sostenuto
F in tempo
marc.
1

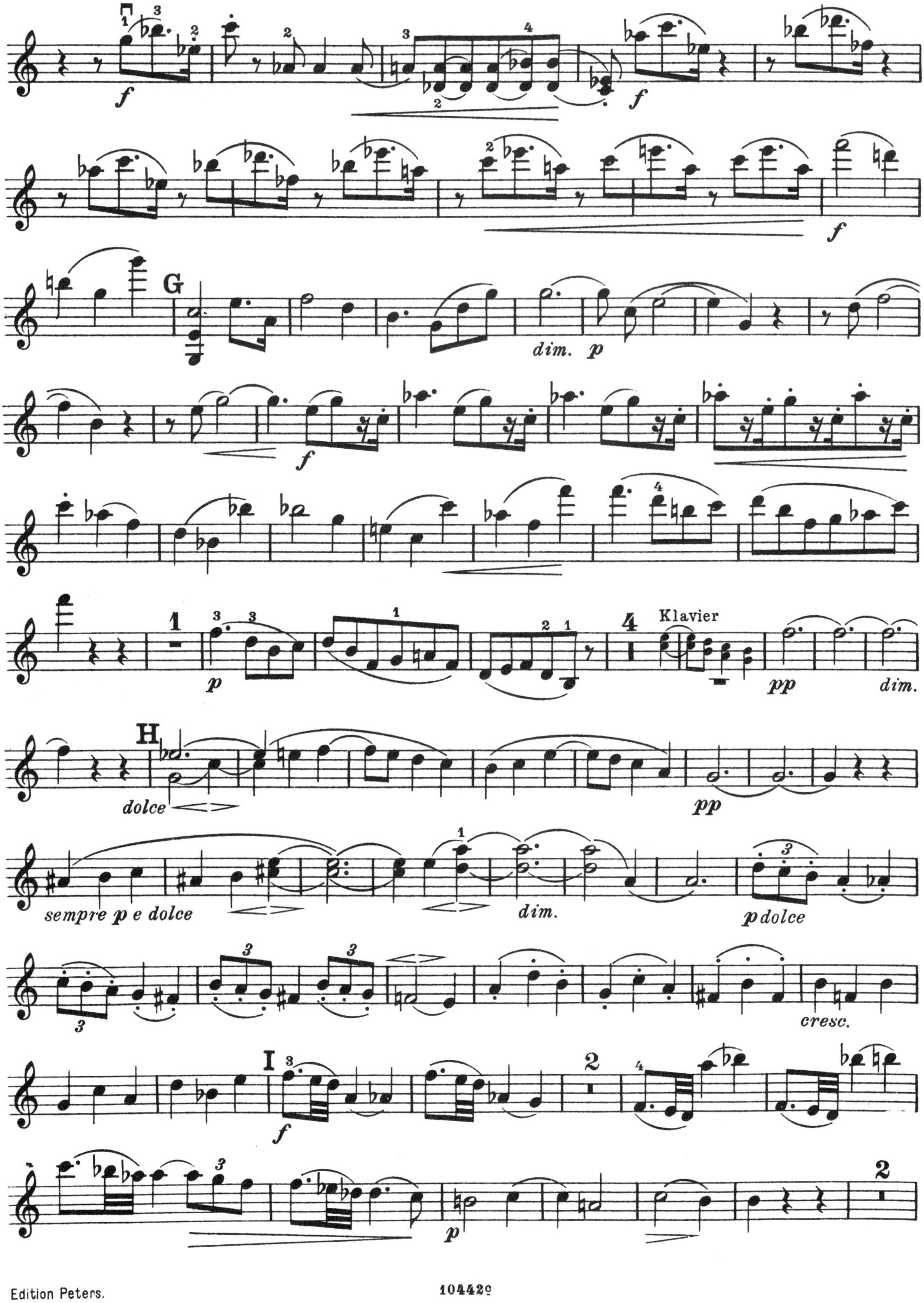
G
dim.
Klavier
dim.
H
dolce
sempre p e dolce
dim.
p dolce
cresc.
I

pizz.
più p
3
K
arco
cresc.
stringendo
Animato
sf
4a
f espress.
dim.
rit. poco a poco
L
in tempo
f animato
f

Violine

Andante con moto
f
sf
dim.
p
A
1
B
espress.
cresc.
2
dolce
C
più f poco a poco
3

D
f
2
f sempre
E
3
p dolce
dolce
2
pp
F
p
poco cresc.
espress. dim.
dim. e rit.
in tempo (Andante con moto)
pp
4
pp dolce
G
3
mf cresc. sempre
f
più tranquillo poco a poco
dim. e rit.
p espress.
H
3
f dim.
p dim. e rit.
pp

Violine

Scherzo
Presto

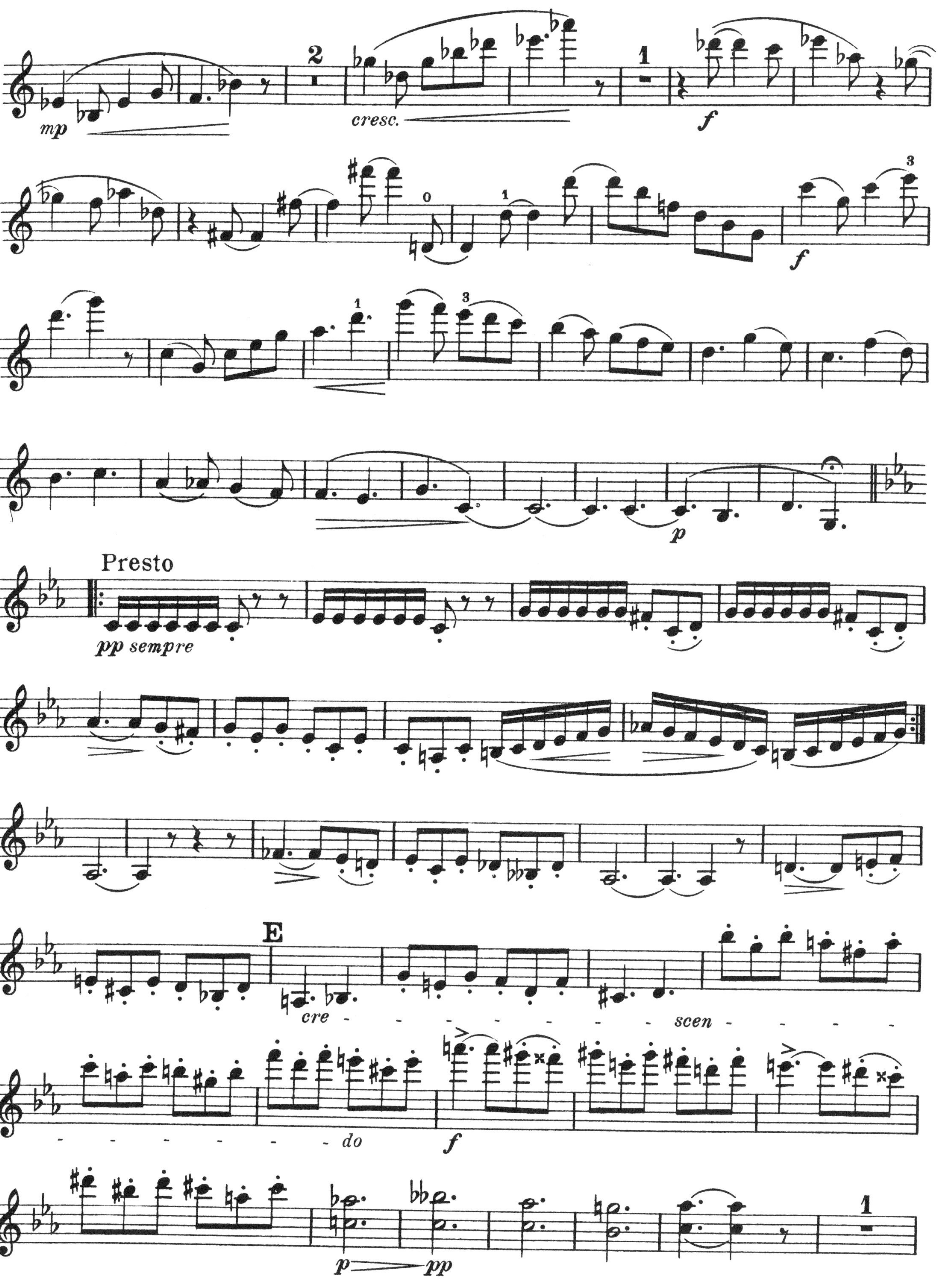
mp
cresc.
f
f
p
Presto
pp sempre
E
cre - - - - - - - - - scen - - - - - - - - - - - - - - - do
f
p
pp

F
pp ma marc.
leggiero
cresc.
G
p
pp sempre più
dim.
pp
ppp
pizz.
Finale
Allegro giocoso
mezza voce
p
pp
cresc.
sf
f
ff
A
fp
3

p
2
mf legato
dim.
p dim.
pp
B
4
p
cresc.
sf
f
f
4
C pp leggiero
pp
cresc. poco a poco
D
f
p leggiero

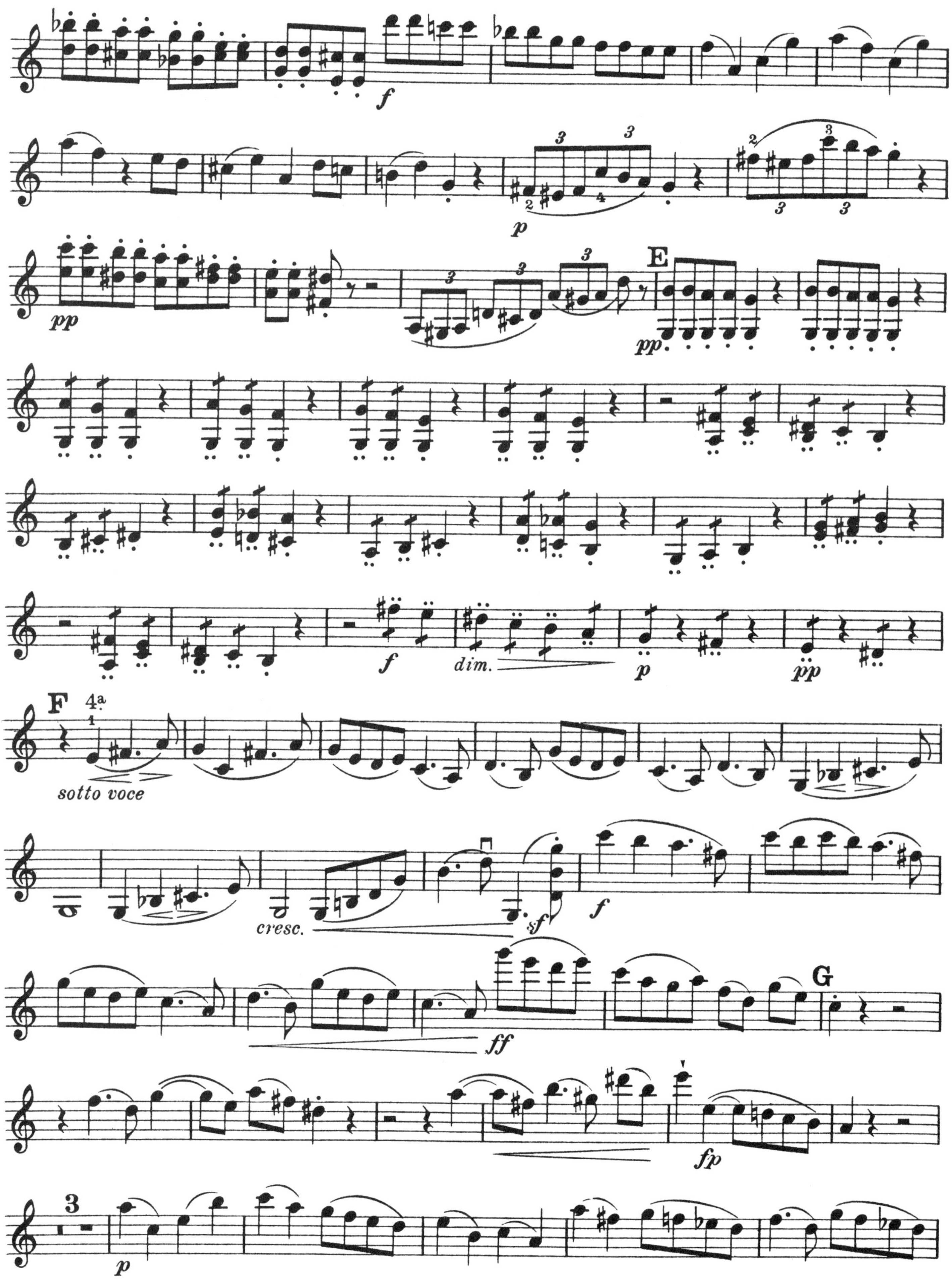
f
p
pp
E
pp
f
dim.
p
pp
F
4a
sotto voce
cresc.
sf
f
ff
G
fp
p

2
mf
dim. sempre
p dim.
pp
H
4
p
cresc.
f
sf
I
2
mp
1
un poco rit.
dim.
pp
in tempo
3a
cresc.
K
ff
ff
ff

TRIO III
für
Klavier, Violine und Violoncello

Violoncello

Johannes Brahms, Op. 87
Zweite Bearbeitung (1891)

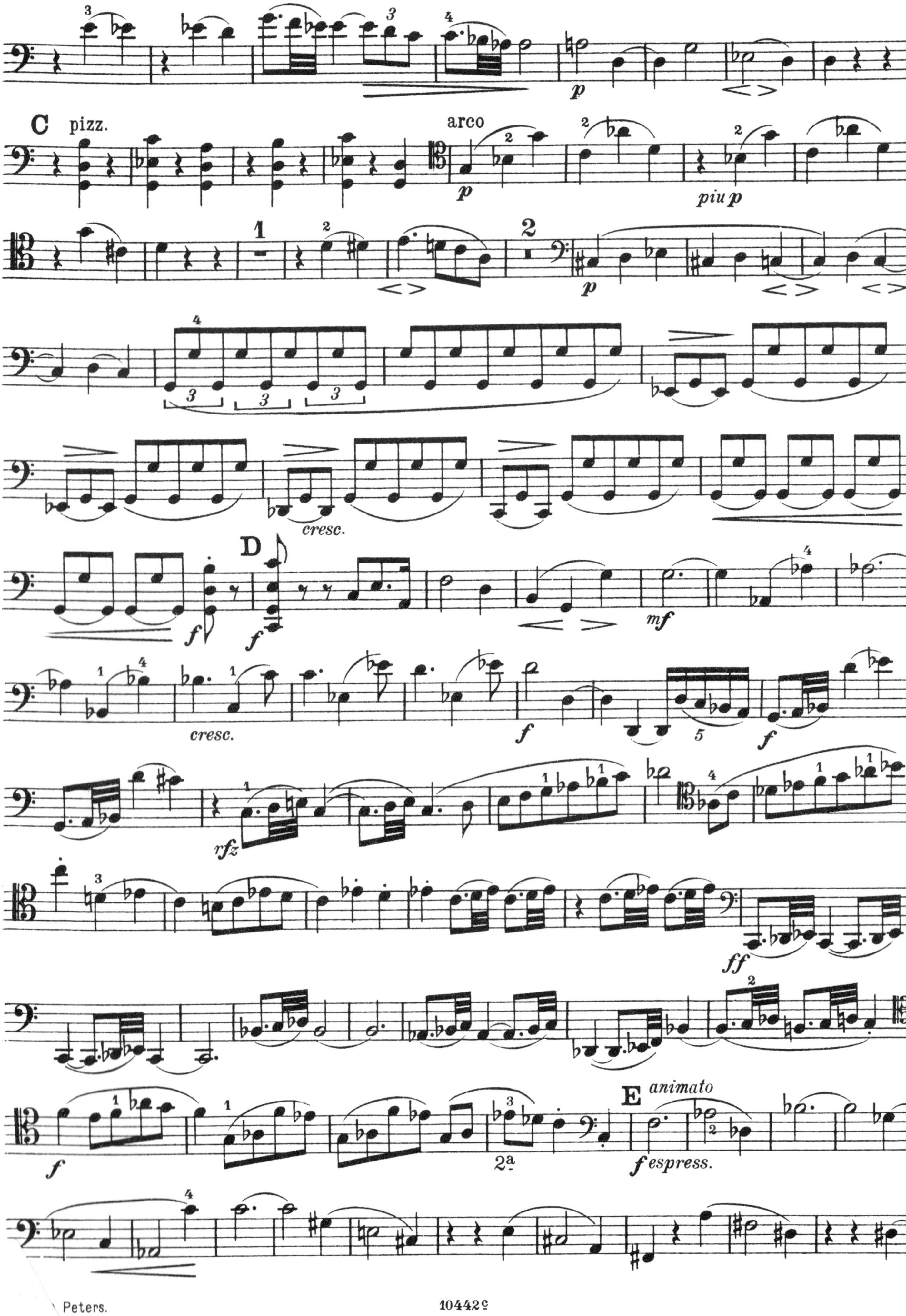
C
pizz.
arco
piu p
1
2
cresc.
D
mf
rfz
ff
E
animato
2a
f espress.

poco sostenuto
2a
F in tempo
f
ben marc.
1
f
f
f
G
dim.
p
f
2
f dim.
p
1
p
pp
H
dim.
dolce
pp
sempre p e dolce
dim.
2a p dolce
cresc.
I
f
2

p
pizz.
dolce
arco
più p
1
p
K
p
cresc.
stringendo
Animato
3
Viol.
sf
f espress.
ritard. poco a poco
cresc.
dim.
p
L
in tempo
sf
sf
f animato
f

Andante con moto
f
sf
2a
dim.
p
A
1
B
espress.
cresc.
C
5
Viol.
Klav.
dolce
più f poco a poco
2
D
3

E
p dolce
dolce
pp
F
espress. dim.
in tempo (Andante con moto)
dim. e rit.
pp
pp dolce
G
cresc. sempre
f
H
più tranquillo poco a poco
dim. e rit.
p
f
p
dim. e rit.
pp

Scherzo
Presto
pp sempre
A
cre - scen - do
f
pp
B
leggiero
2a
cresc.
C
p
pp sempre più
dim.
pp
Poco meno presto
mp cresc. sempre
f

Violoncello

F
leggiero
cresc.
G
p
pp sempre più
dim.
pp
ppp
pizz.
pizz.
Finale
Allegro giocoso
p mezza voce
pp
cresc.
sf
f
ff
A
fp
3

p
3
mf legato
2a.
dim.
p dim.
B
pp
p
cresc.
sf
f
4
C
pp leggiero
pp
cresc.
poco
a
poco
D
f
2a.
1
p leggiero
f

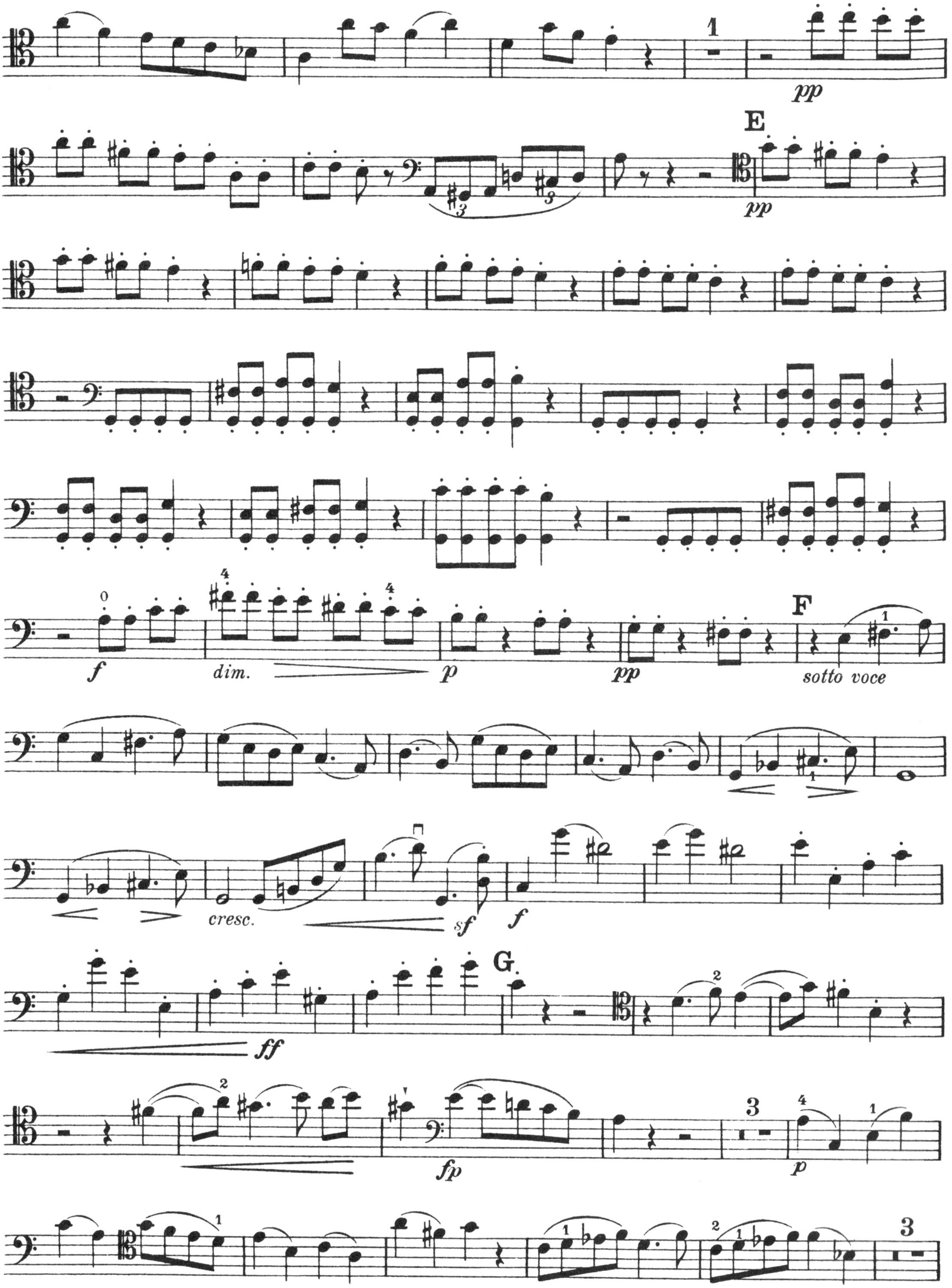
1
pp
E
pp
f
dim.
p
pp
F
sotto voce
cresc.
sf
f
G
ff
fp
3
p
3

Violoncello